# SOLI DEO GLORIA

Anima Contemplativa Christiana

Georg P. Loczewski

# Christianas rettendes Geheimnis

*das Geheimnis von Leben und Tod*

 tredition®

www.tredition.de

# IMPRESSUM

Copyright ©2019 Georg P. Loczewski
Typensatz erstellt vom Autor mithilfe von LaTeX $2_\varepsilon$
Die Grafiken wurden vom Autor in *Postscript* programmiert und bei Bedarf mit dem *Gimp* modifiziert.

Verlag & Druck: tredition GmbH, Halenreie 40-44, 22359 Hamburg

ISBN
978-3-7497-7244-5 (Paperback)
978-3-7497-7245-2 (Hardcover)
978-3-7497-7246-9 (e-Book)

Internet:
— **http://www.alpha-bound.de**

Bereits erschienen im tredition Verlag:

– **Christianas brennendes Licht**, Georg P. Loczewski
– ISBN: PP: 978-3-7469-2930-9, – HC: 978-3-7469-2931-6, – e-Book: 978-3-7469-2932-3

– **Christianas Bilderbuch**, Georg P. Loczewski
– ISBN: PP: 978-3-7469-2349-9, – HC: 978-3-7469-2350-5, – e-Book: 978-3-7469-2351-2

– **Christianas tröstende Perlen**, Georg P. Loczewski
– ISBN: PP: 978-3-7469-5819-4, – HC: 978-3-7469-5820-0, – e-Book: 978-3-7469-5821-7

– **Fundamente des christlichen Glaubens**, Georg P. Loczewski
– ISBN: PP: 978-3-7482-2371-9, – HC: 978-3-7482-2372-6, – e-Book: 978-3-7469-2931-6

– **Alles zur größeren Ehre Gottes**, Georg P. Loczewski
– ISBN: PP: 978-3-7497-1511-4, – HC: 978-3-7497-1512-1, – e-Book: 978-3-7469-1513-8

Bereits erschienen im Bernardus Verlag:

– **Emmanuel — Gott mit uns**, Georg P. Loczewski
– ISBN: PP: 978-3-8107-0265-4

# CHRISTIANAS RETTENDES GEHEIMNIS

## *das Geheimnis von Leben und Tod*

# Inhaltsverzeichnis

# Einführung

Christiana im Folgenden ist eine Symbolfigur, abgeleitet von dem lateinischen Text:

ANIMA CONTEMPLATIVA CHRISTIANA.
(Eine beschauliche christliche Seele)

Christianas rettendes Geheimnis ist ihre tiefe Überzeugung, dass sie ihr Da-Sein und ihr So-Sein von demjenigen geschenkt bekommen hat, der sich in der Bibel geoffenbart hat als derjenige „der IST"(Ex 3,14).

Sie weiß, dass sie kein Kind des Zufalls ist. IHN, durch den sie geworden ist, den LOGOS (Joh 1,1) hat sie deshalb auserkoren als ihre „EWIGE, EINZIGE LIEBE"(Joh. v. Kr.).

Ohne diese Überzeugung und den Glauben an denjenigen, dem sie ihr Da-Sein verdankt, bliebe sie eingekapselt in ihre natürlichen Grenzen, Unvollkommenheiten und Schwächen und könnte losgelöst von ihrem Schöpfer als unvollkommenes Wesen niemals glücklich werden.

Sie weiss, dass ihre Unvollkommenheit und ihre mangelhaften Fähigkeiten nicht auf einen unvollkommenen Schöpfer zurückzuführen sind, sondern darauf, dass die ersten Menschen sich von Gott getrennt hatten und deswegen in einen Kosmos ohne den Glanz des Göttlichen verbannt wurden, in dem es keine Vollkommenheit gibt.

Christiana hat aber mit unaussprechlichem Dank die Worte der Bibel vernommen:

**Denn so sehr hat Gott die Welt geliebt, dass er seinen eingeborenen Sohn dahingab, damit jeder, der an ihn glaubt, nicht verlorengehe, sondern ewiges Leben habe.** (Joh 3: 16)

Christiana sehnt sich nach IHM, der ja ihre wahre Heimat ist. ER, dem sie alles verdankt, weiß ja besser als alle anderen Wesen, wer sie ist, besser als sie selbst. ER kennt all ihre Gedanken und ER allein weiß, wozu sie überhaupt DA IST.

**Verwendete Bibelübersetzung**   Die Bibelzitate in den Texten stammen vor allem der *Schöning'schen Bibel von Henne-Rösch* (siehe: *https://bibel.github.io.HenneRoesch/index.html*). In den Grafiken wurden die Übersetzungen manchmal den Anforderungen der Grafik entsprechend abgeändert ohne den gedanklichen Sinn zu verändern.

Die gesamte Bibelübersetzung von Henne-Rösch steht auf folgender Web-Site zur Verfügung: *http://www.alpha-bound.de*. Siehe den letzten Punkt im Menue: «Multi-Lingual Bible Server».

Die lateinischen Texte der Zitate aus den Psalmen entstammen dem *Psalterium Pianum.* (Das sog. Psalterium Pianum wurde am 24. März 1945 von **Papst Pius XII** in seinem Motuproprio *"In cotidianis precibus"* promulgiert.

In diesem Buch begegnet uns sehr häufig das Wort «LOGOS», das der hl. Johannes in seinem Evangelium im Urtext als Bezeichnung für unseren Heiland verwendet. Wir folgen hier den Ausführungen von *P. Streicher S.J.* in seinem «Das Evangelium in Sinnzei-

2

len»(Siehe **Anhang:** *Bibliographie:* **Bibl.[6]**)., in denen er dazu folgende Erklärung abgibt:

„...Ja erst Johannes hat das Wort *LOGOS* in jener tiefen Bedeutung erfaßt, in der es nun für immer im Text der neutestamentlichen Offenbarungsurkunden, und zwar in der ersten Zeile des LOGOS-HYMNUS, steht: .... Der Terminus 'LOGOS' wurde, weil *nicht übersetzbar*, im Text beibehalten."

Eine Erläuterung der Bedeutung des Wortes LOGOS in der griechischen Kultur, aus der Johannes den Begriff genommen hat, kann man auf folgender Web-Seite finden:

*http://www.alpha-bound.de/alphome/html/lambda.html*

**Anmerkung zum Logo auf dem Umschlag und der 1. Seite des Buches** Das Logo auf der ersten Seite dieses Buches taucht auch in den Grafiken des Gottessohnes und des Menschensohnes auf. Das sog. ARS-Logo kann aus zweierlei Sicht gedeutet werden.

Eine *theologische Deutung* von ARS führt zum **ARS-Mecum** und eine Deutung *aus der Sicht eines Betenden* führt zum **ARS-Angelus**. Eine detaillierte Beschreibung des *ARS-Angelus* und des *ARS-Mecum* befindet sich in dem Buch 'Emmanuel — Gott mit uns'. (Siehe **Anhang:** *Bibliographie:* **Bibl.[11]**). Es gibt also *zwei Namen* für ein und dasselbe Symbol: Der eine Name entspricht mehr einer theologischen Sicht, der andere mehr einer spirituellen.

# URSPRUNG DES DA-SEINS UND DES SO-SEINS

## Seins-Mystik

## Seins-Mystik

# JESUS CHRISTUS

## Der Gottessohn

Ἐν ἀρχῇ ἦν ὁ λόγος
καὶ ὁ λόγος ἦν πρὸς τὸν θεόν
καὶ θεὸς ἦν ὁ λόγος

Joh 1,1

*Im Ursprung war der LOGOS,*
*und der LOGOS war bei Gott,*
*und Gott war der LOGOS.*

**Quelle:** Joh 1,1-3: [1].

---

[1]**P. Friedrich Streicher S.J.,**, *Das Evangelium*, Herder Verlag KG, Freiburg im Breisgau 1961

## JESUS CHRISTUS

### Der LOGOS — Alles ist durch IHN geworden

**Quelle:** Joh 1,14: [2].

[2] **P. Friedrich Streicher S.J.,**, *Das Evangelium*, Herder Verlag KG, Freiburg im Breisgau 1961

## DER ABFALL DER ERSTEN MENSCHEN VON GOTT

Die ersten Menschen haben sich **gegen Gott aufgelehnt** und sich verführen lassen, **wie Gott sein zu wollen**, indem sie ein ihnen von Gott auferlegtes Gebot brachen.

Sie haben dadurch selbst den **Schritt in die Gottesferne** getan und all das verloren, was sie als Kinder Gottes geschenkt bekommen hatten.

Zu diesen durch die Gottesferne verlorenen Gnaden gehören vor allem

- *die Kindschaft Gottes,*

- *eine höhere Erkenntnisfähigkeit,*

- *eine starke Willenskraft und*

- *die Freiheit von Krankheit, Schmerz und Tod.*

Hinzu kommt, dass sie all diese Gnaden **auch für ihre Nachkommen**, *d.h. die ganze Menschheit* verloren haben.

Diesen neuen Zustand, in den sie sich durch die Auflehnung gegen Gott gelangt sind, bezeichnet man auch als Erbsünde, ein Zustand aus dem die Menschen sich nicht mit eigenen Kräften wieder befreien können.

Eine ausführliche Behandlung dieser Thematik findet man im *'Katechismus der Katholischen Kirche (Kompendium)'*. (Siehe **Anhang: Bibliographie** (**Bibl.[8]**).)

# DAS ERBARMEN GOTTES MIT DEN MENSCHEN

*Denn wie in Adam alle dem Tod verfallen sind, so werden in Christus alle das Leben haben;*                    1Kor 15: 22

## Gottes Gerechtigkeit und Gottes Erbarmen

**Denn so sehr hat Gott die Welt geliebt**, *daß er seinen ein-geborenen Sohn dahingab, damit jeder, der an ihn glaubt, nicht verlorengehe, sondern ewiges Leben habe.*

Joh 3,16

**Denn der Menschensohn ist gekommen**, *zu suchen und zu retten, was verloren war.*

Lk 19,10

**Um seine Gerechtigkeit zu erweisen**, *hat ihn Gott in sei-nem Blut als Sühnopfer durch den Glauben vor alle Welt hingestellt.*
*Die vorher geschehenen Sünden waren ungestraft gelas-sen, weil Gott langmütig ist;*
*nun aber läßt er seine Gerechtigkeit offenbar werden und zeigt (im Sühnopfer Christi)*, **daß er gerecht ist und den gerecht macht, der an Jesus glaubt.**

Röm 3,25-26

**Er trug unsere Sünden an seinem Leib hinauf auf das Holz**, *damit wir, der Sünde abgestorben, der Gerechtigkeit leben. - Durch seine Striemen wurdet ihr geheilt.*

1Petr: 2,24

10

# BEFREIUNG VOM LEIDEN UND VOM STERBEN

*Allen aber, die Ihn aufnahmen,*
*gab Er Anrecht und Fähigkeit, Kinder Gottes zu werden.*
*Denen, die an seinen Namen glauben.*                    Joh 1,12

*Aber wie geschrieben steht: 'Was kein Auge geschaut, kein Ohr gehört, was kein Menschenherz sich je gedacht hat, das hat Gott denen bereitet, die ihn lieben.'*
1 Kor 2,9

**Das urchristliche Symbol für den Erlöser ist das Symbol eines Fisches:**

Das griechische Wort für Fisch steht in der Grafik über dem Fischsymbol. Die einzelnen Buchstaben dieses griechischen Wortes entsprechen jeweils dem 1. Buchstaben des griechischen Wortes für folgende deutschen Wörter:

| |
|---|
| I : Jesus |
| X : Christus |
| Θ : Gottes |
| Υ : Sohn |
| Σ: Erlöser |

# CHRISTIANAS EWIGE, EINZIGE LIEBE

Nach dir werd' ich immer mich sehnen,
So lang mein Gefangensein währet.
Die Stimme wird niemals ermüden,
Sich flehend zu dir zu erheben,
Bis du dich barmherzig mir nahest.

Und könnt ich dich jemals vergessen
Du EWIGE, EINZIGE LIEBE!
So wär auch mein Anteil: Vergessen.
Es würd' kein Geschöpf sich mehr finden,
Das Schutz dem Unsel'gen gewährte.[a]

---

[a]Des Heiligen **Johannes vom Kreuz** Kleinere Schriften, ISBN 3-466-20056-3, Theatiner Verlag AG, München 1925, 6. unveränderte Auflage, Kösel-Verlag, München 1972, Seite 219, Strophen 51,52: Das Gedicht: Sehnsucht der Seele nach der Vereinigung mit Christus. Die Übersetzung stammt von **Freiin Sophie von Künsberg**.

## Bis DU DICH barmherzig mir nahest.

### DU EWIGE EINZIGE LIEBE!

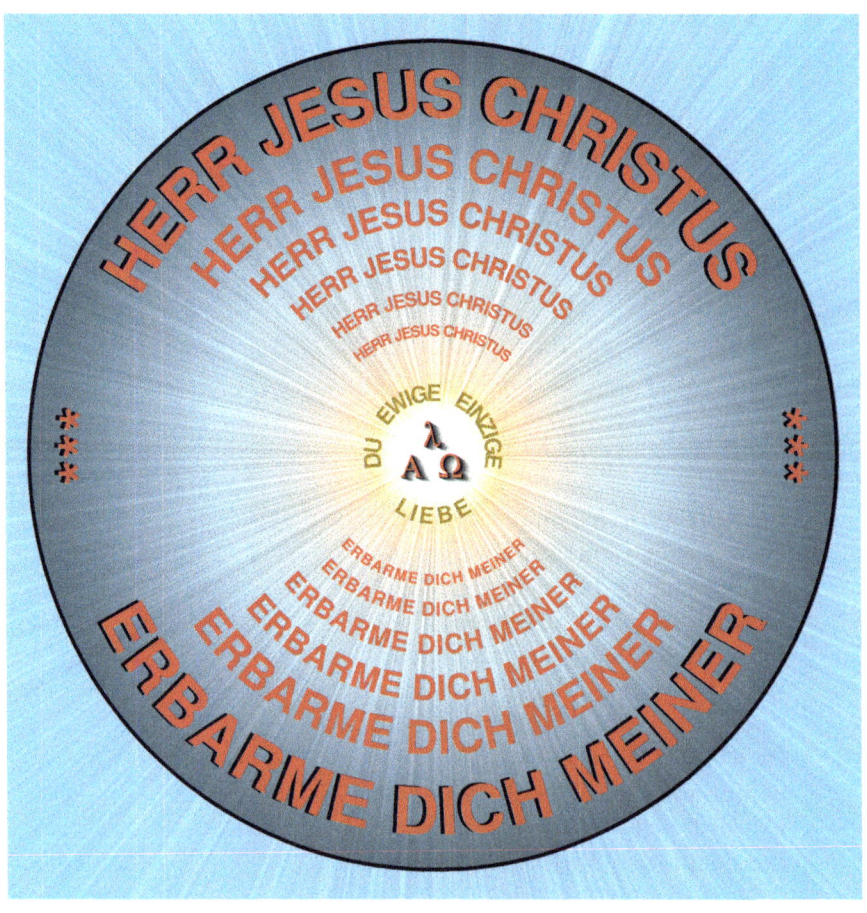

# ICH GLAUBE DIR

## GOTT IST UNENDLICH GROSS

## GOTT IST UNENDLICH GROSS

# SEINS-MYSTIK

Für eine Spiritualität, in der versucht wird, die hier aufgezeigten Gedanken ins Bewußtsein aufzunehmen und **„aus diesem Bewußtsein heraus zu leben"**, hat der Autor den Begriff „Seins-Mystik" geprägt.

In den unten aufgelisteten 6 Veröffentlichungen versucht der Autor, Leserinnen und Leser von der Seins-Mystik zu begeistern und sie zu ermuntern Christiana nachzuahmen.

In diesem Sinne ist Seins-Mystik nicht ein Privileg von Wenigen, sondern das Angebot Gottes an alle Menschen, da alle ihr Da-Sein und ihr So-Sein von demjenigen unverdient geschenkt bekommen haben, **„der IST"** (Ex 3,14).

**Liste der 6 Veröffentlichungen:** mit Links auf Seiten im Internet, die Detailbeschreibungen der Titel inklusive Bestellmöglichkeiten enthalten:

**Alles zur größeren Ehre Gottes** — *Gott ist groß, unendlich groß*
https://www.alpha-bound.de/deusfly/admdgl5/index.html

**Fundamente des christlichen Glaubens** — *Im kontemplativen Blickwinkel*
https://www.alpha-bound.de/chrfundfly/index.html

**Christianas tröstende Perlen** — *Christianas Freude an Gott*
https://www.alpha-bound.de/chrhome.html#TROST

**Christianas Bilderbuch** — *Ein Bilderbuch für beschauliche Seelen*
https://www.alpha-bound.de/chrhome.html#BBCH

**Christianas brennendes Licht** — *Ganz im Innern*
https://www.alpha-bound.de/chrhome.html#BRLC

**Emmanuel** — *Gott mit uns*
https://www.alpha-bound.de/alphome/html/spiritual/arsmc.html

# CHRISTIANAS LETZTE ZUFLUCHT

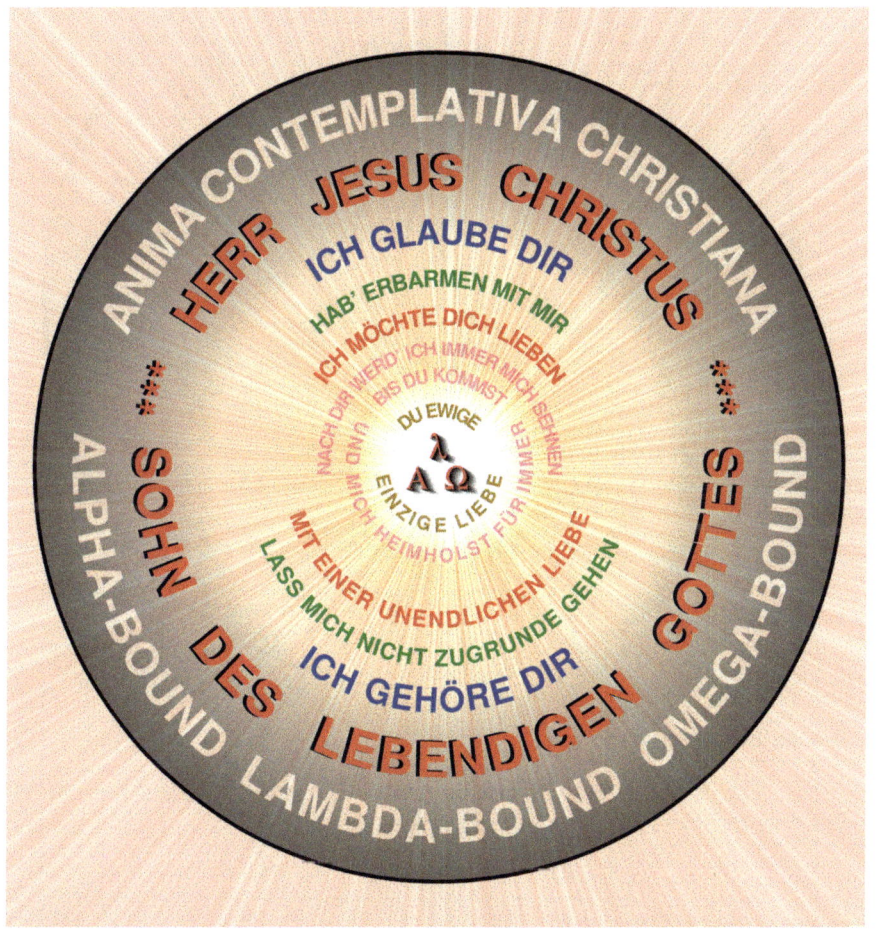

## LETZTE ZUFLUCHT — GÖTTLICHE ZUFLUCHT

**Bibelzitat in der Grafik:** Mt 11,28-30[3]

*Alles, was Mir der Vater gibt, wird zu Mir kommen, und wer zu Mir kommt, den werde Ich nie verstoßen.* Joh 6,37[4].

---

[3]Die Schöningh'sche Bibel von Henne-Rösch (1934)
[4]**P. Friedrich Streicher S.J.,**, *Das Evangelium*, Herder Verlag KG, Freiburg im Breisgau 1961

*Denn das Lamm, das mitten vor dem Thron steht, wird sie weiden und zu den Wasserquellen des Lebens führen, und Gott wird jede Träne abwischen von ihren Augen.'*          — Apc—Offb 7,17

*Er wird jede Träne von ihren Augen wegwischen. Der Tod wird nicht mehr sein, weder Trauer noch Klage noch Schmerz wird mehr sein. Denn das erste ist vergangen,'*
*Und der auf dem Thron sitzt, sprach:*
**'Siehe, ich mache alles neu.'**
*... Ich bin das Alpha und das Omega, der Anfang und das Ende.*
— Apc—Offb 21,4-6

## Gebete der Rettungszuversicht

### Gott weiß alles

HERR, *erforscht hast Du mich und Du kennst mich.*

*Du prüfst mein Gehen und mein Ruhen, bist vertraut mit all meinen Wegen.*

*Du weißt um mein Sitzen und Aufstehen; meine Gedanken erkennst Du von weitem.*

*Noch liegt ein Wort mir nicht auf der Zunge, schon kennst Du, o* HERR, *es genau.*

*Von vorn und von hinten hast Du mich umschlossen, und legst auf mich Deine Hand.*

*Zu wunderbar ist für mich solch Wissen, zu hoch - ich begreife es nicht.*  Ps 139,1-6

## Gott ist überall gegenwärtig

*Wohin soll ich gehen vor Deinem Geist, wohin fliehen vor Deinem Antlitz?*

*Stiege ich auch zum Himmel hinauf: Du bist dort. Läge ich auch drunten in der Unterwelt: Siehe, da bist Du.*

*Nähme ich mir auch des Morgenrots Schwingen und ließe mich nieder am Ende des Meeres,*

*so würde auch dort Deine Hand mich geleiten, mich fassen Deine Rechte.*

*Und dächte ich: 'Finsternis soll mich verhüllen, zur Nacht soll um mich her werden das Licht',*

*so wäre die Finsternis für Dich doch nicht finster: hell wie der Tag ist für Dich die Nacht, die Finsternis ist Dir wie das Licht.*

Ps139,7-12

**Gott hat uns erschaffen**

*Meine Nieren hast Du ja geschaffen, mich im Schoß meiner Mutter gewoben.*

*Ich danke dir: Erstaunlich, wunderbar bin ich erschaffen. Gar wunderbar sind Deine Werke. Meine Seele erkennt das gar wohl.*

*Mein Werden war nicht verborgen vor dir, als im Verborgenen ich wurde, gewirkt in irdischen Tiefen.*

*Deine Augen sahen mich als gestaltlosen Keim, und in Deinem Buch standen schon all die Tage verzeichnet, die mir vorausbestimmt wurden, als noch keiner von ihnen war.*

*O Gott, wie schwer sind für mich Deine Gedanken, wie unermeßlich ist ihre Zahl!*

*Wollte ich sie zählen sie sind zahlreicher als der Sand; und käme ich ans Ende, wäre ich erst am Beginn.*

Ps139,13-18

**Er selbst wird Israel erlösen**

*Aus der Tiefe rufe ich,* HERR, *zu dir. Höre, o* HERR, *meine Stimme!*

*Laß Dein Ohr achten auf mein lautes Flehen!*

*Wenn Du, o Herr, der Sünden gedächtest, o Herr, wer könnte bestehen?*

*Doch bei Dir ist Vergebung, auf daß man Dich fürchte.*

*Ich hoffe auf den* HERRN. *Es hofft meine Seele. Ich harre seiner Verheißung.*

*Meine Seele hofft auf den Herrn mehr als die Wächter auf den Morgen.*

*Mehr als die Wächter auf den Morgen soll Israel harren des Herrn!*

*Denn beim* HERRN *ist Erbarmen. Bei ihm ist reiche Erlösung.*

*Ja, er wird Israel erlösen von all seinen Sünden.*

Ps 130

**Wohl allen, die zu ihm sich flüchten**

*Was toben die Völker und schmieden Pläne voll Wahnwitz?*

*Die Herrscher der Erde treten zusammen, die Fürsten halten gemeinsam Rat gegen den* HERRN *und seinen Gesalbten.*

*"Auf, laßt uns ihre Bande sprengen! Von uns abschütteln ihre Fesseln!"*

*Es lächelt, der im Himmel thront, der Allmächtige spottet ihrer.*

*Dann aber fährt er sie an voll Zorn, in seinem Grimm herrscht er sie an:*

*"Ich habe mir selbst einen König gesalbt - auf Zion, meinem heiligen Berg!"*

*Ich künde des* HERRN *Beschluß! Er sprach zu mir: "Mein Sohn bist du! Heute habe ich dich gezeugt.*

*Richte den Wunsch an mich, und zum Erbe gebe ich dir die Völker, zum eigenen Besitz die Enden der Erde .*

*Du magst sie zerschmettern mit eiserner Keu-*

*le,magst sie wie irdene Krüge zerschlagen!"*

*Nun, ihr Könige, seid denn klug! Laßt euch warnen, ihr Richter auf Erden!*

*Beugt euch dem HERRN in Furcht! Ehrt ihn mit Beben!*

*Huldigt dem Sohn! Sonst zürnt er euch, und Unheil bringt euch euer Planen. Denn schon bald entbrennt sein Grimm. Selig dann alle, die bei ihm sich bergen!*

Ps2

## Des Sünders Bosheit, Gottes Güte

*Auflehnung(8) raunt tief im Herzen des Frevlers. Kein Erschrecken vor Gott gibt es in seinen Augen.*

*Er sieht sich selbst zu schmeichelhaft, um seine Schuld zu finden und zu hassen.*

*Die Worte seines Mundes sind Unheil und Trug; er gab es auf, weise und gut zu handeln.*

*Unheil plant er auf seinem Lager, er betritt schlimme Wege und scheut nicht das Böse.*

*HERR, deine Güte reicht, so weit der Himmel ist, deine Treue, so weit die Wolken ziehn.*

*Deine Gerechtigkeit steht wie die Berge Gottes, deine Urteile sind tief wie das Meer. HERR, du hilfst Menschen und Tieren.*

*Gott, wie köstlich ist deine Huld! Die Menschen bergen sich im Schatten deiner Flügel, sie*

*laben sich am Reichtum deines Hauses; du tränkst sie mit dem Strom deiner Wonnen.*

*Denn bei dir ist die Quelle des Lebens, in deinem Licht schauen wir das Licht.*

31

*Erhalte denen, die dich kennen, deine Huld und deine Gerechtigkeit den Menschen mit redlichem Herzen!*

*Laß mich nicht kommen unter den Fuß der Stolzen; die Hand der Frevler soll mich nicht vertreiben.*

*Dann brechen die Bösen zusammen, sie werden niedergestoßen und können nie wieder aufstehn.*

Ps 36 (35)

**So will ich zum Altare Gottes treten**

*Schaffe mir Recht, o Gott, und führe meinen Streit gegen lieblose Menschen! Vor Lügnern und Frevlern errette mich!*

*Du bist ja der Gott meiner Zuflucht. Warum hast Du mich verstoßen? Warum muß ich trauernd einhergehen, vom Feind bedrängt?*

*Sende Dein Licht und Deine Wahrheit! Sie sollen mich leiten, mich führen auf Deinen heiligen Berg, zu Deinem Zelt.*

*Hintreten möchte ich an Gottes Altar, zum Gott meiner Freude.*

*Jauchzend will ich mit der Zither Dich preisen, Gott, o mein Gott! Was härmst du dich, meine Seele? Was seufzt du in mir?*

*Harre auf Gott! Denn ich preise ihn noch, das Heil meines Angesichts, meinen Gott.*

Ps43 (42)

## Du hältst mich an meiner Rechten

*Fürwahr, als Bitterkeit mein Herz verzehrte und scharf der Schmerz in meinen Nieren stach,*

*da war ich wie ein Tier, der Einsicht ledig, wie dummes Vieh, so stand ich vor Dir da.*

*Und dennoch blieb beständig ich bei dir; Du hattest bei der Rechten mich ergriffen.*

*Nach Deinem Ratschluß hast Du mich geführt und wirst hernach zur Herrlichkeit mich holen.*

*Was habe ich denn im Himmel? Bin ich bei dir, freut mich nichts mehr auf Erden!*

*Mögen Leib und Herz sich in Sehnsucht verzehren: Gott bleibt meines Herzens Hort, mein Erbteil auf ewig.*

*Denn siehe, zugrunde gehen, die von Dir weichen. Alle, die Dich treulos verlassen, raffst Du hinweg.*

*Mich aber macht selig die Nähe Gottes. Mein Vertrauen setze ich nur auf den allmächtigen Herrn.*

*Alle Deine Taten will ich besingen.*      Ps 73,21-28

**Habt Mut, Ich habe die Welt besiegt**

*Dies habe ich zu euch gesagt, damit ihr in mir Frieden habt.*

*In der Welt habt ihr Drangsal; aber seid getrost, ich habe die Welt überwunden.*

Joh 16,33

**Seid gewiß: Ich bin bei euch**

*„Seht, ich bin bei euch alle Tage bis zum Ende der Welt."*

Mt 28,20

**Ich bin die Auferstehung und das Leben**

*„Ich bin die Auferstehung und das Leben. Wer an mich glaubt, wird leben, auch wenn er stirbt;*

*und jeder, der im Glauben an mich lebt, wird niemals sterben. Glaubst du das?"*

Joh 11,25-26

**Wenn du die Gabe Gottes kenntest**

*Sie werden nicht mehr hungern und nicht dürsten;*

*Sonnenglut und Hitze wird sie nicht mehr treffen.*

*…Sie nehmen nicht mehr zur Ehe und werden nicht mehr zur Ehe genommen.*

*Sie können ja auch nicht mehr sterben; denn sie sind den Engeln gleich und Kinder Gottes,*

*Denn das Lamm, das mitten vor dem Thron steht, wird sie weiden und zu den Wasserquellen des Lebens führen, und Gott wird jede Träne abwischen von ihren Augen.*

*Sie werden sein Angesicht sehen und seinen Namen auf ihrer Stirn tragen.*

*Nacht wird nicht mehr sein, man braucht weder Lampen- noch Sonnenlicht, denn Gott, der Herr, wird über ihnen leuchten,*

*und sie werden herrschen in alle Ewigkeit.*

Offb 7,16; Lk 20,36; Offb 7,17; Offb 22,4-5

**Herr, rette uns!**

*Weil er an Mir hängt, will Ich ihn retten; Ich will ihn schützen, denn er kennt Meinen Namen.*

Ps91,14

**Herr, wir glauben an Dich!**

*Jesus erwiderte ihr: Ich bin die Auferstehung und das Leben. Wer an Mich glaubt, wird leben, auch wenn er stirbt,*

— Joh11,25

*Im Hause Meines Vaters gibt es viele Wohnungen. Wäre es nicht so, dann hätte Ich es euch gesagt; Ich gehe hin, euch eine Stätte zu bereiten.*

*Wenn Ich aber hingegangen bin und euch eine Stätte bereitet habe, komme Ich wieder und hole euch heim zu Mir, damit, wo Ich bin, auch ihr seid.*

— Joh14,2-3

## Unsere Heimat ist im Himmel

*Unsere Heimat aber ist im Himmel. Von dorther erwarten wir auch Jesus Christus, den Herrn, als Retter, der unseren armseligen Leib verwandeln wird in die Gestalt Seines verherrlichten Leibes, in der Kraft, mit der Er sich alles unterwerfen kann.*

Phil3,20-21

# FINALE

## AUSKLANG

ALLES ZUR GRÖSSEREN EHRE GOTTES

# Anhang

## Quellenangaben

- **Seite 1:** Ex 3,14, Joh 1,1; <u>Lit: 1</u>;
- **Seite 2:** Joh 3,16;
- **Seite 4:** Ex 3,14, <u>Lit: 1</u>; <u>Lit: 2</u>;
- **Seite 5:** Joh 1,1; Joh 8,58; Ex 3,14; <u>Lit: 2</u>;
- **Seite 6:** Joh 1,1f;
- **Seite 7:** Joh 1,14;
- **Seite 9:** Lk 19,10;
- **Seite 11:** Joh 3,16
- **Seite 12:** Joh 1,14; Joh 1,12;
- **Seite 13:** 1Kor 2,9;
- **Seite 15:** Joh 1,1; <u>Lit: 1</u>;
- **Seite 16:** <u>Lit: 1</u>;
- **Seite 17:** <u>Lit: 3</u>;
- **Seite 18:** 1Joh 4,16; 1Joh 4,8; <u>Lit: 1</u>; Ignatius v.L.; 1Joh 3,20;
- **Seite 19:** Ex 3,14; 1Joh 4,16; Ps 90,2;
- **Seite 21:** <u>Lit: 1</u>;
- **Seite 22:** Mt 11,28-30; <u>Lit: 4</u>;
- **Seite 23:** Offb 7,17; Offb 21,4-6;
- **Seite 39:** Ps 73,28;
- **Seite 40:** Ignatius v. Loyola
- **Seite 43:** Kol 1,15-17
- **Seite 44:** Offb 21,4-6

### Literaturzitate (Lit)

1. **Johannes v. Kreuz**, *Sehnsucht der Seele*, Versstrophen: 51-52: **P.Aloysius ab Imm. Conc. O.C.D**, Kleinere Schrifen, ISBN 3-466-20056-3, Theatiner Verlag, München 1925, 6. unveränderte Auflage, Kösel Verlag München 1972. Übersetzung vn **Freiin Sopie von Künsberg**.

2. **Augustin Guillerand**, *Im Angesicht Gottes*, Echter-Verlag, Würzburg 1989, ISBN 3-429-01231-7;

3. Adaption des Liedes *"Wahrer Gott wir glauben Dir"* (Nr. 375, S. 561 im *Gebet und Gesangbuch für das Bistum Limburg*), **Bischöfliches Ordinariat Limburg**, Verlag Josef Knecht, Frankfurt am Main 1957

4. Joh 6,37, **P. Friedrich Streicher S.J.** *Das Evangelium*, Herder Verlag KG., Freiburg im Breisgau, 1961.

# Bibliographie (Bibl.)

1. *Das Neue Testament* , P.Dr.Konstantin Rösch O.M.Cap., Ferdinand Schöning, Paderborn, 1967, ISBN 3-506-50010-4.

2. BIBLIA SACRA, VULGATAE EDITIONIS, SUMPTIBUS ET TYPIS FRIDE-RICI PUSTET, RATISBONAE ET ROMAE MCMXIV.

3. P.Aloysius ab Immac.Conceptione O.C.D, P.Ambrosius a S. Theresia O.C.D., *Des Heiligen Johannes vom Kreuz Sämtliche Werke*, Kösel-Verlag, München, 1967.

4. P.Aloysius ab Immac.Conceptione O.C.D, *Des Heiligen Johannes vom Kreuz Kleinere Schriften*, ISBN 3-466-20056-3, Kösel-Verlag, München, 1972.

5. Edith Stein O.C.D., *Kreuzeswissenschaft,Studie über Johannes A Cruce*, Verlag Herder, Freiburg 1954.

6. Friedrich Streicher S.J., *Das Evangelium nach Matthäus Markus Lukas Johannes*, Verlag Herder, Freiburg im Breisgau 1961.

7. Augustin Guillerand, *Im Angesicht Gottes*, Gebetserfahrungen eines Kartäusermönchs, Echter Verlag, Würzburg, 1989, ISBN 3 429 01231-7.

8. Katechismus der Katholischen Kirche, Kompendium, Pattloch Verlag München 2005, ISBN 978-3-629-02139-7.

9. Katechismus der Katholischen Kirche, Oldenbourg D-81671 München 2003, ISBN 3-486-56637-7.

10. Großer Katholischer Katechismus, Mit einem Abriß der Kirchengeschichte, Kösel-Verlag München 1948.

11. Georg P. Loczewski, *Emmanuel — Gott mit uns*, ISBN 978-3-8107-0265-4, Bernardus Verlag, Aachen 2017.